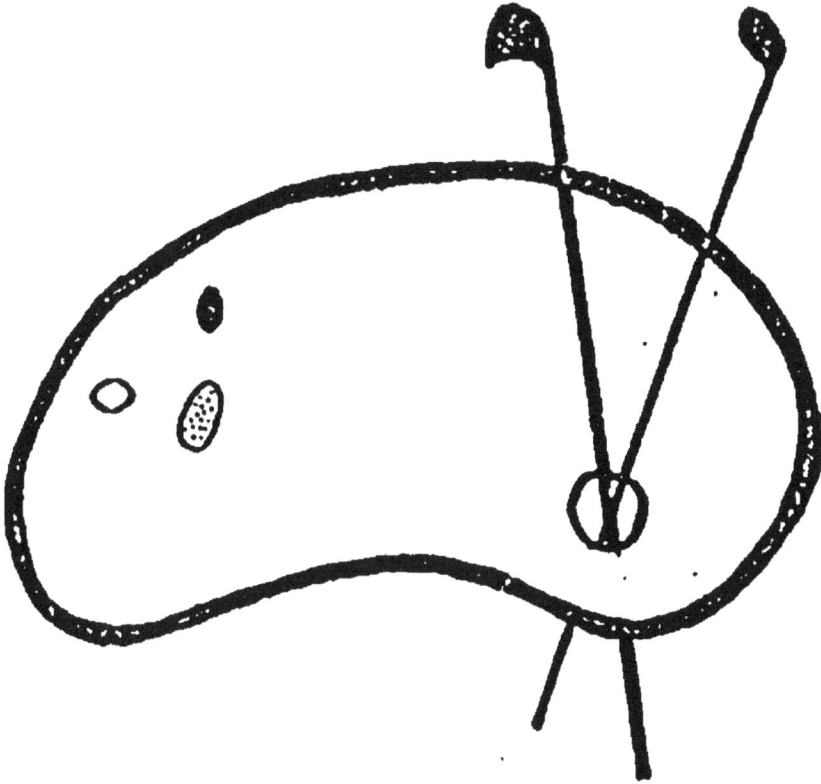

DEBUT D'UNE SERIE DE DOCUMENTS
EN COULEUR

Les
Bienfaiteurs
de l'École

ou

La Mutualité communale

PAR

E. GILLE
Officier de cavalerie en retraite, ancien percepteur

ET

A. BONFILLOU
Instituteur primaire

La Solidarité au Village : Exposé ; Notre but. — Société des Dotations scolaires : Création ; Statuts ; Composition ; Administration. — Ressources à affecter à l'Œuvre des Dotations. — La Vie municipale et la Mutualité - Dotation ; Résultats à obtenir. — Les Retraites ouvrières : Solution proposée pour la jeune génération. — Conclusions. — Appendice.

Prix : 1 franc.

En vente à la Librairie FÉLIX REY, rue de la Liberté, à Dijon.

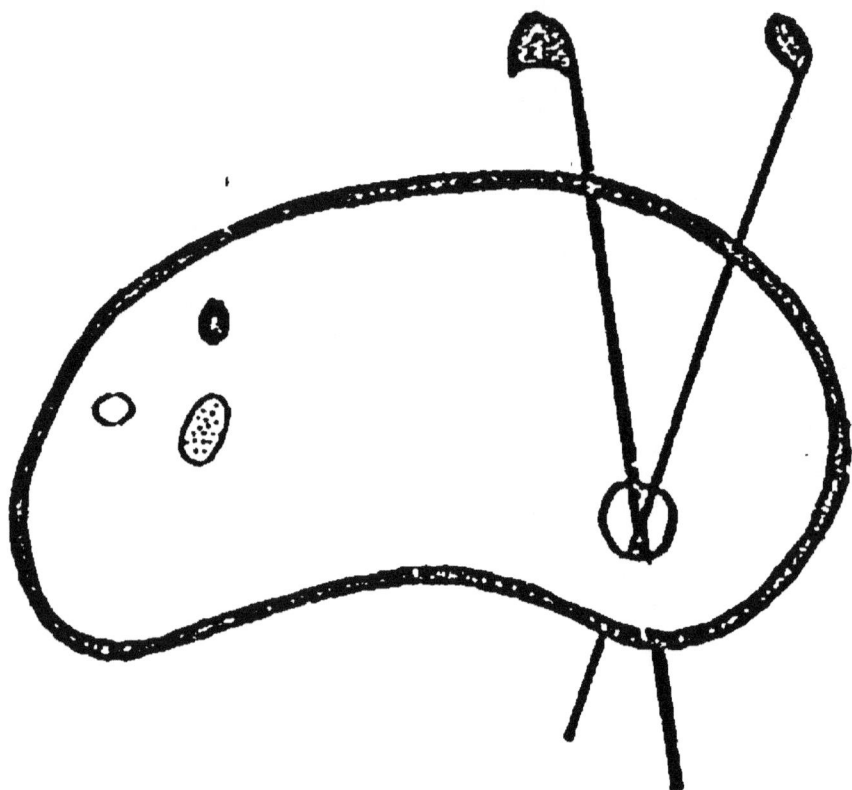

FIN D'UNE SERIE DE DOCUMENTS
EN COULEUR

LES
BIENFAITEURS
DE L'ÉCOLE

Dotations scolaires · · Mutuelle-Dotation
Retraites ouvrières

Prévoyance — Solidarité — Mutualité — Fraternité

PAR

E. GILLE

Officier de cavalerie en retraite, ancien percepteur

ET

A. BONFILLOU

Instituteur primaire.

« La joie est le prix de l'effort accompli.
Il n'est si petit avoir qui n'entraine avec lui
la volonté d'en posséder un plus grand. »

Prix : 1 franc.

DIJON

LIBRAIRIE FÉLIX REY

Rue de la Liberté

1907

TABLE

CHAPITRE II

LA VIE MUNICIPALE ET LA MUTUALITÉ-DOTATION.

CHAPITRE III

LES RETRAITES DE LA MUTUALITÉ SCOLAIRE

Une Mutualité pratique

AVERTISSEMENT

Depuis quelques années déjà, des esprits éclairés, des journalistes de talent, des philanthropes, des hommes politiques, nous ont, dans des revues, dans des journaux, dans des ouvrages divers, fait voir toute la fécondité du grand principe de la Solidarité humaine.

Notre but n'est pas de traiter la question de la Solidarité après des voix aussi autorisées que celles de MM. Édouard Petit, Alfred Rambaud, E. Payot, Léon Bourgeois, Paul Deschanel, etc., etc.; ce serait de notre part de l'outrecuidance: nous nous bornerons, après en avoir dit quelques mots, à faire connaître certains moyens pratiques de rendre cette Solidarité effective même dans. les plus petites communes de France, et, pour cela, nous faisons appel aux Éducateurs de l'enfance, appel qui n'est jamais vain, et à celui des *Bienfaiteurs de l'École.*

Nous serons largement récompensés si nous pouvons

rendre quelques services à la génération actuelle qui fréquente nos écoles primaires et mettre à même les instituteurs et les maires de faire, autour d'eux, de la Solidarité pratique en faveur des enfants indigents qui, malheureusement, sont encore si nombreux dans nos campagnes et dans les grands centres.

LES AUTEURS.

CHAPITRE PREMIER

« Entre le savoir et le savoir-faire
il y a un bond à faire. »

La solidarité au village. — Exposé.
Notre but.

I

Le siècle qui commence verra l'épanouissement de toutes
les idées généreuses qui ont présidé à la conception et à l'organisation des institutions de prévoyance sociale dont le but
est d'apporter un soulagement à toutes les misères imméritées.

Les nobles cœurs qui s'occupent de ces questions y trou-
vent la récompense de leurs efforts. Ils contribuent à opposer,
dans une certaine mesure, un obstacle parfois insurmontable
à l'armée du crime et du désordre, et on peut espérer qu'ils
arriveront, dans un prochain avenir, à l'apaisement de l'état
d'esprit des déshérités qui n'ont pu, jusqu'alors, qu'assister
frémissants et angoissés à la joie des autres. « Cependant, il
« n'est pas vrai de dire que la Mutualité soit l'unique solution
« de la question sociale, mais c'est une des idées qui auront le
« plus modifié d'ici un demi-siècle la face de la société
« française.

« Nous croyons que c'est un puissant instrument de sécu-
« rité et de concorde. La question sociale n'est pas seulement
« une question matérielle, la question sociale n'est pas seule-

« ment une question de « pain », elle est aussi une question
« intellectuelle et moral . (P. Deschanel.)

Le xxᵉ siècle sera nommé le Siècle de l'Association.

Pour augmenter la puissance créatrice de l'œuvre de Solidarité qui est une œuvre de rénovation sociale pouvant aider
à solutionner les conflits économiques de l'avenir, il faut, selon
nous, faire de la Solidarité et de la Mutualité pratique *par
commune*, et aboutir à la création, dans tous les villages de
France, de *Dotations scolaires communales* qui feront des
enfants les plus utiles auxiliaires de la famille pour en relever
la situation matérielle. La création desdites Sociétés est possible partout où il y a des hommes d'initiative et de dévouement pour convaincre et attirer les autres.

Supposons en effet que, de *cinq à treize ans*, temps pendant lequel les enfants des deux sexes fréquentent obligatoi-
rement l'école, on arrive à procurer à chaque élève, par des
voies et moyens pratiques qui seront indiqués plus loin, une
petite Dotation de quelques centaines de francs à réaliser
pendant les huit années d'écolage, ne serait-ce pas le meilleur
excitateur pour se saisir de l'esprit et du cœur de toute une
population laborieuse, pour lui donner le goût du travail, de
l'ordre et des économies ? Ne serait-ce pas également procurer aux parents la joie de voir chacun de leurs enfants posséder le noyau d'un petit capital que ceux-ci auront la volonté
d'augmenter plus tard par le fruit du travail de leurs mains,
afin de jouir d'un peu de ce bien-être qui est le but constant
de nos efforts ?

De plus, la Dotation scolaire créera chez tous les enfants
une mentalité nouvelle, faite de fierté, de savoir, d'intelligence
et d'énergie, dirigera leur avenir suivant leurs aptitudes et
leurs goûts, et alors aucun d'eux ne voudra plus se livrer aux
souillures de la mendicité qui, par ce fait, disparaîtra rapide-
ment partout.

Si l'État a pris à sa charge tous les frais de l'enseignement
primaire, s'il vient en aide aux déshérités, il ne peut tout faire :
il nous a donc, en tant que membres de la Société, laissé l'obligation morale de consacrer à l'éducation sociale de la masse
des enfants du peuple, à leur bien-être, les ressources provenant de l'initiative privée.

Le concours et la participation généreuse de tous au bien
public est nécessaire, car l'existence même de la Société crée

une véritable obligation sociale qui consiste à sacrifier, au *bien commun*, une partie de son temps, de son travail, de ses revenus. Là est le fondement du devoir social de chaque homme, de sa dette de Solidarité. On doit donc chercher à réaliser les ressources nécessaires pour armer les faibles avec la puissance des économies amassées à leur profit.

Dès l'École, les enfants sont *à la charge de la Société tout entière*. Notre devoir est donc de les encourager, de soutenir leurs premiers pas dans la vie, de les protéger et de leur enseigner la Solidarité par des exemples saisissants, de manière qu'ils concluent avec Sully-Prudhomme que « nul ne peut se vanter de se passer des hommes », développant ainsi en eux l'idée de l'association qui doit les aider à surmonter tous les obstacles accumulés sur leur chemin.

Les moyens de vaincre dans cette lutte contre la misère et les inégalités sociales sont nombreux ; ceux que nous préconisons ont pour but :

1° De doter les enfants de cinq à treize ans (garçons et filles) d'un petit capital amassé pendant les huit années d'écolage, avec lequel il leur sera constitué une retraite de 248 francs pour en jouir à l'âge de soixante-cinq ans (1) et d'un petit pécule disponible à celui de vingt-trois ans ;

2° De leur donner des habitudes de prévoyance et d'économie ;

3° D'en faire des Mutualistes par la pratique de la Solidarité ;

4° D'aider les parents pauvres à acquérir par acomptes une petite maison, un jardin ou quelques parcelles de terre leur permettant de loger et d'alimenter leur famille ;

5° De retenir les adultes dans le chemin de l'honnêteté et du travail agricole régulier par l'appui matériel et moral des Bienfaiteurs de l'École ;

6° De parer au danger social par l'accomplissement du devoir social.

Nota. — Nous faisons remarquer que notre projet est pratique et que la création des Sociétés que nous préconisons peut avoir lieu dans les plus grandes comme dans les plus petites agglomérations.

(1) Consulter le chapitre Retraites, à la page 36, qui indique la manière d'opérer pour réaliser ce projet.

SOCIÉTÉ DES DOTATIONS SCOLAIRES COMMUNALES

Leur création.

Voici, à titre d'exemple, comment s'y prit le maire de X...
pour fonder une Société de Dotations scolaires.

Ce maire prit un jour un arrêté pour interdire la mendicité
dans la localité.

Dans cet acte officiel il était dit que le garde-champêtre
était chargé d'expulser les mendiants et vagabonds et de
signaler les récalcitrants à la gendarmerie pour faire procéder
à leur arrestation.

Bientôt la tranquillité et la sécurité régnèrent dans le village
habituellement pressuré et rançonné par les professionnels de
la mendicité et assez souvent par des Bohémiens voleurs et
pillards.

Pour tirer, du mal supprimé, un bien, il provoqua une réunion publique pour tous les habitants du village afin d'avoir
leur avis sur cette mesure de police intérieure, et de pouvoir,
en même temps, leur communiquer son projet de création
d'une Société de prévoyance à placer sous la protection des
Bienfaiteurs de l'École qui en deviendraient les membres fondateurs.

Exposé des motifs.

La séance ouverte, le maire prononça l'allocution suivante :

« Mes chers concitoyens,

« Appelé par la confiance de vos mandataires à la prési-
dence de la Municipalité, j'ai appris, par quelques-uns d'entre
eux, combien vous étiez satisfaits d'être débarrassés des solli-
citations des mendiants et des vagabonds dont la contribution
forcée représentait, pour chacun de nous, une somme variant

de 5 francs pour les moins fortunés, à 10, 20, 40 et 50 pour les autres.

« Si j'ai pris cette mesure de police intérieure sans y être invité, c'est que je me proposais, alors que vous en auriez reconnu et apprécié les bienfaits, de vous entretenir d'un projet, dont les résultats feraient honneur à notre village; il a pour but de constituer une petite dot et une retraite à tous les enfants des deux sexes qui fréquentent les écoles et de les guider ainsi dans la voie du travail et des économies.

« Travailleurs de la terre, nous avons besoin de bras nombreux et de cœurs dévoués : or, nous ne serons jamais si bien servis que par nos ouvriers habituels.

« Si nous nous occupons de l'avenir de leurs enfants, si nous les fixons au village, si nous pouvons y ramener les familles qui en sont parties, nous contribuerons ainsi à notre bien-être personnel en assurant le leur.

« Ne serait-ce pas là le moyen le plus sûr pour redonner de la valeur à cette terre que nous cultivons aujourd'hui avec des méthodes ignorées de nos pères et dont le rendement si important est la récompense de nos durs labeurs ?

« Nous sommes isolés et, par conséquent, sans appui; groupons-nous, et tentons une expérience d'où doit sortir une amélioration très importante du sort des malheureux chargés d'une nombreuse famille.

« J'ai compté sur votre concours le plus généreux pour réaliser mon projet; si vous voulez bien l'adopter, nous serons classés les premiers dans cette course vers le bien, le beau et l'utile, et nous réussirons, car les sentiments de fraternité, appuyés sur la puissance de l'argent, sont invincibles.

« La Société que je vous propose de fonder prendra le nom de DOTATIONS SCOLAIRES COMMUNALES.

« Elle a pour but de réunir : 1º les cotisations volontaires de ses membres; 2º les subventions de la commune et de l'État, les dons particuliers, etc., pour en faire la distribution, par *égales parts*, aux élèves des deux sexes, âgés de cinq à treize ans, qui fréquentent l'école communale et de constituer, au profit de chacun d'eux, une petite dotation amassée pendant la durée de la scolarité.

« Sur ce capital, une partie servira à leur constituer une retraite et le reste pourra être mis à la disposition des parents les plus pauvres pour acquérir une petite maison ou quelques parcelles de terre, afin de pourvoir à l'alimentation de la famille ou à son logement, les payements par acomptes étant pour ainsi dire assurés ; mais la propriété sera acquise au nom de l'enfant bénéficiaire et non à celui des parents qui auront seulement la jouissance de l'usufruit leur vie durant.

« Cette amélioration du sort des enfants pauvres s'affirme dès l'âge de cinq ans par leur affiliation jusqu'à treize ans à la Mutualité scolaire, époque à laquelle leur retraite sera liquidée par la Société des Dotations sur les économies réalisées à leur profit.

« À leur sortie de l'école, à treize ans, ils pourront faire partie de l'Association des anciens et anciennes élèves, laquelle, au moyen de certains bénéfices et de cotisations volontaires, a pour but de faire des excursions instructives dans diverses parties du pays, et enfin, à l'âge de dix-huit ans, ils auront la faculté de faire partie d'une Société de secours mutuels qui leur donnera droit à une petite retraite, à des secours médicaux et à une indemnité de 0 fr. 75 par journée de maladie en versant une cotisation annuelle de 6 francs.

« Le relèvement matériel et moral de nos humbles collaborateurs sera dû aux petits sacrifices que chacun de nous *peut* et *doit* faire annuellement, depuis la suppression de la mendicité.

« C'est pourquoi je vous demande de souscrire, au profit de la Société des Dotations scolaires, le montant des économies que vous réalisez depuis la disparition des mendiants. Nous escomptons à l'avance des dons plus importants de la part des personnes aisées ou fortunées.

« Nous élèverons ainsi nos enfants dans l'amour du travail récompensé, dans les habitudes d'ordre et d'économie qui font les bons citoyens, au lieu de les laisser se complaire dans l'oisiveté et les fâcheuses pratiques de dissipation.

« Malgré les menaces qui m'ont été adressées, ce qui ne m'empêchera pas de faire mon devoir si je suis compris et soutenu par vous, la mendicité est à jamais supprimée dans la commune, mais je vous rappelle encore une fois que cela dépend du concours généreux que vous me prêterez pour fonder la Société des Dotations scolaires dont je vais vous lire les statuts. »

STATUTS

de la Société des Dotations scolaires communales

1º Une Société de prévoyance est établie à X... sous le nom de Société des Dotations scolaires communales.

Elle fonctionnera à titre permanent.

2º Elle se recrute dans la localité parmi les habitants, parmi les amis de l'instruction des deux sexes et les étrangers qui demanderont à en faire partie, soit verbalement, soit par écrit.

3º Elle a pour but de réunir le montant des cotisations de ses membres et, éventuellement, celui des subventions de la commune et de l'État, les dons particuliers et les revenus des fondations perpétuelles faites à son profit, pour constituer des *Dotations annuelles à attribuer par égales parts à tous les élèves des deux sexes âgés de cinq à treize ans* qui fréquentent les écoles communales.

4º Le chiffre de la cotisation annuelle à payer pour en faire partie est fixé à la somme de *quatre francs* et, par exception, à celle de *un franc* pour les pères de famille indigents, afin d'affirmer leur droit à une dotation pour leurs enfants, quel qu'en soit le nombre.

5º Les sommes supérieures à 4 francs sont encaissées à titre de dons particuliers, étant bien entendu que chacun peut en augmenter l'importance suivant l'impulsion de sa générosité ou d'après ses moyens de fortune.

6º L'allocation, par parts égales, à tous les enfants, riches ou pauvres, qui fréquentent l'école, représente le principe de l'égalité alors qu'ils sont tous à la charge de l'État pour leur instruction primaire. Elle n'empêchera pas le reversement desdites parts au profit de la Société par les parents riches ou aisés malgré leur inscription obligatoire sur les livrets de caisse d'épargne dont tous seront également pourvus. Ces reversements seront encaissés sous forme de dons.

7° Le service des Dotations aura une durée de huit années, temps pendant lequel les enfants sont assujettis à la fréquentation obligatoire de l'École. Ils seront rayés de la liste des bénéficiaires à l'âge de treize ans révolus. Ils pourront alors demander à faire partie de la Société des Bienfaiteurs de l'École.

8° Une partie du montant des Dotations pourra être mise à la disposition des parents peu aisés ou indigents pour faire l'acquisition d'un petit immeuble : maison, jardin ou parcelle de terre, au nom de l'enfant bénéficiaire qui viendra ainsi en aide à sa famille et contribuera à l'alimentation et au logement de celle-ci.

Après avoir recherché les immeubles *non hypothéqués* à leur convenance, les parents adresseront leur demande au Comité directeur qui, après les avoir examinées avec bienveillance, devra notifier aux intéressés, et dans le plus bref délai, la décision prise.

Dans le cas où plusieurs enfants de la même famille participeraient par leur avoir à l'acquisition des dites propriétés, l'acte à intervenir serait passé au nom de la collectivité de ceux-ci représentée par l'aîné.

Les payements auront lieu en présence du Comité.

9° Les immeubles acquis seront incessibles et insaisissables de par la provenance des fonds qui ont servi à les payer. Ils deviendront ainsi le premier chaînon du bien familial inaliénable.

10° Tous les autres bénéficiaires qui n'auront fait aucun emploi de même nature du montant de leur dotation, à l'exception du prélèvement de la somme nécessaire pour la constitution d'une retraite dont il sera parlé plus loin, ne pourront disposer du solde qu'à l'âge de vingt-trois ans, alors qu'en quittant l'armée ils peuvent fonder une famille ou s'établir.

Les filles bénéficiaires pourront en demander le payement total après la célébration de leur mariage ou à l'âge de vingt ans accomplis.

11° L'attribution aux élèves des deux sexes de toutes les ressources encaissées par la Société des Dotations scolaires et de celles de la Mutualité-Dotation réunies (Voir le compte à la page 31) ne fera que stimuler leur zèle pour augmenter leur avoir par de petites économies personnelles réalisées dans le cours des huit années d'écolage. L'inscription de ces dernières économies sur leur livret de caisse d'épargne fera l'objet d'une mention particulière, la deuxième partie dudit étant réservée à l'inscription des sommes à eux allouées par le service des Dotations et des intérêts produits par leur dépôt à la Caisse d'épargne postale.

12° La personnalité civile en faveur des Dotations scolaires sera demandée au Parlement afin de les faire profiter des dons et legs qui pourraient leur être faits sous forme de fondations perpétuelles.

Les noms des donateurs seront gravés en lettres d'or sur des plaques de marbre placées dans la grande salle des mairies.

13° N'auront droit à la répartition des revenus produits annuellement par les fondations perpétuelles excédant le chiffre de 100 francs que les enfants des habitants fixés dans la commune depuis *vingt années.*

14° La Société des Dotations pourra être appelée à prélever sur l'avoir de ses pupilles les sommes nécessaires pour leur constituer une retraite d'après les règles fixées par la Mutualité scolaire dite « Petites Cavé ».

En cas d'inconduite d'un bénéficiaire, inconduite qui nécessiterait l'envoi dans une maison de correction, le montant des Dotations attribuées ferait retour à l'œuvre sous forme de reversement, moins la somme à payer pour la constitution de la retraite qui serait quand même acquise afin de le soustraire au dénûment pendant sa vieillesse.

Composition de la Société.

La Société des Bienfaiteurs de l'École se compose du maire de la commune, des conseillers municipaux, des fonctionnaires et agents communaux, de tous les pères de famille qui ont des enfants à l'école, et, facultativement, des personnes des deux sexes et étrangers amis de l'instruction.

Les engagements des pères de famille de verser la cotisation annuelle sont pris pour les huit années qui représentent la durée de fréquentation obligatoire de l'École primaire. Ces engagements ne sont résiliés de plein droit qu'en cas de départ de la localité ou de décès. Le tuteur légal peut cependant remplir les obligations du père décédé.

Pour tous les autres adhérents membres fondateurs ils ne sont valables que pour quatre années, mais se renouvelleront tacitement si les intéressés ne se sont point fait rayer dans les trois derniers mois de chaque période.

L'engagement de payer la cotisation et de verser les dons comporte une signature qui est considérée comme une obligation morale ou engagement d'honneur, puisque le non-payement des sommes dues ne peut faire l'objet de poursuites pour leur recouvrement. La seule sanction admise est la radiation de ceux des membres libres qui n'auraient pas rempli leurs engagements.

Les pères de famille qui placent leurs enfants dans des établissements d'enseignement secondaire ou autres au dehors pendant la période de cinq à treize ans font partie de droit de la Société des Dotations; ils paient la cotisation annuelle et jouissent des droits et avantages stipulés en faveur des élèves qui n'ont pas quitté le village. Ces droits leur sont conférés pour maintenir l'union fraternelle entre tous les futurs citoyens et par le désir de les voir s'intéresser à la réussite d'une œuvre pouvant amener l'apaisement des rivalités locales.

Administration.

La Société est administrée par un Comité composé du maire, Président de droit, de quatre membres élus au scrutin secret par tous les adhérents et d'un Secrétaire-Trésorier qui sera l'instituteur.

Tous auront voix délibérative et, en cas de partage, la voix du maire sera prépondérante.

Les quatre membres à élire seront choisis parmi les sociétaires qui en font partie de droit :

1º Les membres de la municipalité;

2º Les fonctionnaires et agents communaux;

3º Les pères de famille ayant des enfants à l'école.

Ils seront élus pour six ans et renouvelés par moitié tous les trois ans.

A la première réunion du Comité, un tirage au sort aura lieu pour désigner les noms des membres sujets au renouvellement triennal. Ils seront rééligibles.

Le Secrétaire-Trésorier effectuera les recettes et dépenses sous sa propre responsabilité.

Il sera pourvu d'un livret de caisse d'épargne collectif sur lequel seront inscrites, au fur et à mesure de leur versement, les sommes placées provisoirement en dépôt à la Caisse postale. En aucun cas il ne pourra conserver en caisse une somme supérieure à 20 francs.

Il fera usage d'un carnet à souches dont il détachera une quittance pour chaque recouvrement et payera les petites dépenses courantes au moyen de mandats délivrés par le Président du Comité.

Le 15 mars de chaque année, après l'établissement du compte résumant les opérations effectuées en recettes et dépenses et au vu du reliquat disponible, le Comité fixera la quotité de la Dotation à attribuer à chacun des ayants droit, ainsi que le montant total de la somme à répartir. Le Trésorier fera ensuite une opération d'ordre avec le caissier de la Caisse d'épargne pour opérer le retrait des fonds nécessaires et permettre à ce dernier de les reporter en détail sur les livrets individuels.

L'année scolaire sera divisée en quatre parties, de façon qu'en cas de départ ou radiation pour diverses causes, tout trimestre commencé profite à l'élève partant, qui recevra ainsi le quart, la moitié ou les trois quarts de la Dotation annuelle qui n'est réglée et connue que vers le 15 mars, comme il est spécifié ci-dessus.

En cas de décès dans le cours de l'année, l'enfant bénéficiaire perd son droit à la Dotation de l'année courante, mais le montant des dotations antérieures placées à son nom à la Caisse d'épargne devient disponible pour ses héritiers.

Le 1er mai de chaque année la Société se réunit en assemblée générale pour rendre compte de la situation financière et de tous les détails se rapportant au fonctionnement du service.

Le Comité se réunira tous les deux mois pour traiter toutes les questions qui lui seront soumises par son Président.

2

Dispositions particulières.

Le service des Dotations scolaires communales pouvant devenir trop important pour continuer à être confié à l'instituteur déjà surchargé de travail, le percepteur ou receveur municipal sera alors chargé du recouvrement des recettes, du payement des dépenses et de la reddition des comptes de l'Association dans les communes importantes.

Dans ce cas, le livret collectif qui sert à l'inscription des fonds déposés temporairement à la Caisse d'épargne serait supprimé et les sommes recouvrées pourraient être déposées au Trésor public comme il est indiqué pour les excédents communaux.

Un registre déposé à la mairie contiendra l'historique de la création des Dotations scolaires et sera tenu par le Secrétaire qui y inscrira annuellement tous les détails relatifs aux opérations faites depuis sa fondation ainsi que les noms de tous les donataires, le montant des sommes souscrites et versées, la quotité de la Dotation, les noms des bénéficiaires et une mention particulière pour les donations importantes afin de transmettre à la postérité le souvenir de tous ceux qui se sont donné pour tâche le noble orgueil de faire le bien.

Réunion pour l'acceptation des Statuts
et formation de la Société.

Après lecture des statuts, le maire prévint l'assemblée qu'une nouvelle réunion aurait lieu le dimanche suivant pour procéder à l'élection des membres du Comité et pour fixer le chiffre des cotisations. Ce délai fut accordé afin de permettre aux assistants de réfléchir et de se renseigner sur les conséquences heureuses de la formation de la Société des Dotations scolaires.

En outre, pour mieux les éclairer, le maire fit afficher les statuts dont il venait de leur donner connaissance.

Au jour précédemment fixé, les habitants vinrent en très

grand nombre à la mairie. Le maire, après avoir donné quelques explications, en réponse à des questions posées au sujet du fonctionnement de la Société, proposa un vote à mains levées sur l'adoption des statuts; les assistants les adoptèrent à l'unanimité.

On procéda ensuite, par bulletin secret, à l'élection des membres du Comité.

La Société était ainsi constituée :

Le maire s'inscrivit personnellement pour une somme de 100 francs à payer pendant quatre années, en invitant les personnes présentes à se faire inscrire, soit pour payer une cotisation annuelle, soit pour s'engager à verser des dons particuliers pendant une ou plusieurs années, étant bien entendu qu'un don accidentel ne comporte pas l'engagement d'avoir à le renouveler.

A son exemple, les membres de la municipalité, les fonctionnaires et pères de famille présents s'inscrivirent à leur tour pour des sommes plus ou moins importantes; les amis de l'instruction vinrent ensuite y ajouter de nouveaux subsides, de sorte qu'à la fin de la séance, le total des souscriptions enregistrées s'élevait à la somme de 655 francs à répartir éventuellement, en fin d'année, sur les trente-deux élèves des deux sexes âgés de cinq à treize ans qui fréquentaient alors l'école communale.

Ce magnifique résultat, dû à l'initiative d'un homme de cœur, fut accueilli par les bravos de l'assemblée.

Sur la proposition du maire, le délai pour l'affiliation à la Société fut prolongé de quinze jours. Il informa les personnes présentes que chacun pourrait y adhérer en en faisant la demande aux membres du Comité ou au Secrétaire-Trésorier.

Avant de lever la séance, le Président adressa ses remerciements les plus chaleureux à l'assemblée et il ajouta : « D'après les magnifiques résultats obtenus, je crois devoir prévenir les pères de famille que la Dotation de chacun de leurs enfants pourra s'élever à 20 ou 30 francs pour l'année courante. Si ce chiffre se maintient pendant les huit années de fréquentation de l'École, la Dotation totale pourra s'élever à près de 300 francs pour chacun d'eux. »

Il leur dit en outre : « Dans l'avenir, cette situation peut encore s'améliorer du produit de ressources dont vous ne soupçonnez même pas l'existence : ressources pouvant provenir des personnes riches ou aisées qui, sans héritiers directs, désireraient perpétuer leur nom dans la mémoire de leurs concitoyens en léguant leurs biens ou leur fortune aux enfants du pays. »

Relevé des ressources à affecter à l'œuvre des Dotations scolaires.

RESSOURCES IMMÉDIATES

1° Cotisations des membres de la Société des Bienfaiteurs de l'École. — Souscriptions et dons particuliers. — Produit des sommes précédemment affectées à la distribution des prix;

2° Subventions de la Commune, du Département et de l'État;

3° Bénéfices réalisés par la Mutualité-Dotation (Voir pages 31 et 32);

4° Montant du produit des successions en déshérence encaissé par l'État. A répartir soit d'après le nombre des bénéficiaires, soit d'après les ressources réalisées par la Société locale.

Nota. — Nous n'avons pas la prétention d'indiquer toutes les ressources à affecter à la Société des Bienfaiteurs de l'École, notre but est de montrer qu'elles ne sont pas aussi rares qu'on peut le supposer au premier abord, répondant ainsi et à l'avance à l'objection de ceux qui, n'osant rien entreprendre, diront pour se justifier : « Cette société ne peut être créée dans mon village ». De plus, il faut laisser à l'initiative des instituteurs et des maires le soin d'alimenter la caisse des Sociétés qu'ils créeront, leurs efforts ne seront que plus méritoires.

RESSOURCES ÉVENTUELLES DIVERSES

1° Produit d'un impôt sur les célibataires des deux sexes âgés de trente ans et au-dessus à verser en totalité à l'œuvre des Dotations, « Section des enfants trouvés et abandonnés ».

Cet impôt est destiné à constituer « la fortune des enfants sans famille ou abandonnés » existant dans toute la France.

Lorsqu'ils auraient atteint l'âge de treize ans, il serait prélevé sur le fonds commun et au profit de chacun d'eux les sommes nécessaires pour leur constituer une petite dot et une retraite de 248 francs dont la liquidation serait faite avant leur sortie de l'École, suivant les règles imposées par la Mutualité scolaire modifiées comme il est indiqué plus loin (1).

Afin de faire profiter le fonds commun des extinctions par décès, du retrait de quelques enfants et des intérêts produits par les sommes placées en dépôt au Trésor public, la quotité de la dot et l'attribution de la pension de retraite ne seraient réglées qu'à l'âge de treize ans comme il est indiqué ci-dessus pour les enfants des écoles communales.

La gérance de la fortune des enfants abandonnés serait rattachée au Ministère de l'Intérieur et les Directeurs départementaux chargés du service des enfants assistés conserveraient les livrets de Caisse d'épargne qui indiquent l'avoir dotal des enfants, avoir dont ils ne pourraient disposer qu'à l'âge de vingt-trois ans ou à celui de vingt et un ans s'ils sont réformés et non astreints au service militaire.

Les titres de pension de retraite seront joints aux livrets. Le reliquat de la dot des célibataires décédés serait reversé au fonds commun sous forme d'héritage.

2º Taxe de 0 fr. 30 ou 0 fr. 50 par tête d'habitant à inscrire dans les budgets communaux comme *dépense obligatoire* à verser au profit des Dotations scolaires communales.

Il est utile de faire remarquer que dans les villes il est bien difficile de se concerter pour obtenir des dons particuliers nombreux et que pour faire contribuer tous les habitants à la protection due à l'enfance cet impôt mis à la charge de la collectivité a pleinement sa raison d'être puisqu'il représente le devoir social.

3º Revenus annuels provenant des fondations perpétuelles faites en faveur des Dotations scolaires si la personnalité civile leur est conférée par le Parlement.

4º Produit des sommes encaissées par l'État par suite de la suppression du droit successoral au cinquième degré. A partager comme suit :

Un tiers au profit des Dotations et deux tiers à la Caisse des retraites ouvrières.

---

(1) Pour se renseigner sur la liquidation de cette retraite à l'âge de treize ans, consulter le Barème placé à la page 39, qui indique que la dépense sera de 11/15ᵉ = 57 fr. 58, plus 4/15ᵉ ou 16 francs à payer par avance, soit en tout 73 fr. 58 pour assurer à chacun de ces enfants une retraite de 248 francs à l'âge de soixante-cinq ans.

Emploi des capitaux appartenant aux Sociétés des Dotations.

Les fonds appartenant aux Sociétés et déposés à la Caisse d'épargne pourront être mis à la disposition des bénéficiaires ou servir de prêts dans les cas suivants :

1° Acquisition d'immeubles : maisons, jardins ou parcelles de terre au nom de l'enfant ou de la collectivité des enfants d'une même famille qui ont droit à une dotation ;

2° Prêts aux Sociétés de construction des habitations à bon marché pour permettre à la classe ouvrière des villes surtout de se rendre propriétaire d'une maison dont le payement pourrait se faire par acomptes successifs, au moyen des économies réalisées au profit des enfants par l'œuvre des Dotations ;

3° Prêts amortissables pour construction de maisons de convalescence et de colonies scolaires pour les travailleurs et écoliers. Le Conseil général ou la Commune étant appelés à voter des centimes additionnels pour éteindre la dette.

Mesures diverses à conseiller pour activer l'affiliation aux Sociétés locales.

1° *Obligation* pour tous les pères de famille ayant des enfants à l'École de s'affilier à la Société des Bienfaiteurs de l'École en versant une cotisation annuelle qui ne pourra, pour les indigents, être inférieure à un franc, quel que soit le nombre de leurs enfants ;

2° Suppression, par extinction, du nombre actuel des cafés et cabarets, dans les campagnes, de façon à n'en laisser subsister qu'un ou deux par deux ou trois cents habitants. Cette mesure doit permettre à la population ouvrière de se ressaisir et d'employer à l'amélioration de sa situation matérielle une partie de ses gains et épargnes qu'elle dissipe si facilement, donnant en cela de fâcheux exemples d'imprévoyance aux adultes ;

3° Faire figurer au programme officiel l'enseignement de la Solidarité à l'École primaire ;

4° Application du *salaire* dit *familial* à tous les agents et employés de l'État, des Départements et des Communes, Compagnies de chemins de fer, Sociétés minières, de navigation, chargées du service postal, etc., dont le traitement ou salaire *ne dépasse pas 1,000 francs*, en augmentant cette somme de celle de *4 francs par an et par enfant âgé de 3 à 13 ans* pour pouvoir les affilier à la Mutualité scolaire qui leur assurera le bénéfice d'une retraite de 248 francs à l'âge de soixante-cinq ans, et de profiter des avantages de la création des Dotations scolaires dont les résultats peuvent leur constituer une petite dotation à toucher à l'âge de vingt-trois ans, après leur sortie du régiment.

Les agents et employés qui doivent bénéficier de cette mesure sont :

1° *Pour l'État* : Les douaniers, les facteurs des postes, gardes forestiers domaniaux, gardes de navigation et de pêche, les éclusiers et cantonniers ;

2° *Pour les Départements* : Les gardes-pêche, cantonniers et petits employés de préfecture, archivistes, etc. ;

3° *Pour les Communes* : Les gardes forestiers, gardes champêtres, les appariteurs de ville, les cantonniers ;

4° *Pour les Compagnies de chemins de fer* : Tous les agents commissionnés ;

5° *Pour les Sociétés minières et autres grands services de l'État* : L'obligation du salaire familial serait imposée dans les actes ou marchés à contracter avec les concessionnaires ou adjudicataires, afin que les employés de toutes sortes aient un intérêt marqué à rester à leur service d'une façon permanente et d'aider ainsi à leur prospérité d'où doit provenir la leur.

CHAPITRE II

« Tous pour un, un pour tous. »

La vie municipale
et la Mutualité-Dotation.

Rôle des instituteurs en collaboration avec les maires
dans la création de la Mutualité communale.

LA MUTUALITÉ COMMUNALE N'EST PAS UNE UTOPIE.
SON FONCTIONNEMENT DANS LA COMMUNE DE X...

La commune de X... possède quatre cents habitants. L'administration en est confiée à un homme d'initiative et de progrès, et l'instruction y est donné par un instituteur d'un grand sens pratique et par une institutrice très dévouée.

Une Société de secours mutuels composée de soixante membres participants et de quinze membres honoraires y est en pleine prospérité.

Une fanfare libre existe également; elle compte vingt exécutants et fait la joie des habitants en prêtant son concours à toutes les réunions et les fêtes. Une Société de pêcheurs à la ligne s'est fondée tout dernièrement, se donnant pour but le réempoissonnement de la rivière afin d'augmenter les distractions pendant la saison estivale.

La Solidarité y est pratiquée par suite d'une entente verbale entre tous les cultivateurs pour exécuter les travaux de labour et d'ensemencement des terres de celui qui, pour cause de maladie, ne peut les cultiver.

La commune possède un budget de recettes d'environ 9,000 francs avec lequel elle fait très facilement face à toutes les dépenses annuelles.

Elle emploie le reliquat disponible à des plantations d'arbres fruitiers ou d'essences forestières sur les chemins et terrains vagues lui appartenant.

La contrée est agricole, l'élevage du bétail y est florissant. Quelques vignobles existent sur les coteaux et autour du village dont les jardins sont peuplés de nombreux arbres fruitiers.

Tous les habitants sont laborieux et économes, une aisance relative existe, et chacun mettant de l'amour-propre à secourir et à protéger ses proches, il reste très peu de vieillards et infirmes à la charge du Bureau de Bienfaisance qui a été fondé il y a quelques années par un riche propriétaire du lieu.

Le climat est très salubre; on en voit les effets sur la physionomie des habitants qui, en général, sont forts, robustes et accueillants.

Les enfants à la mine éveillée sont polis et bien élevés, et il paraît que tous savent lire, écrire, compter, cuber et quelques-uns arpenter, ce qui est assez rare pour que le fait soit cité.

Étant en villégiature dans ce village privilégié où les relations et distractions sont assez rares, un hasard heureux nous fit faire la rencontre de son instituteur : homme aux idées larges, très intelligent et rempli d'initiative en toutes choses. Sous son apparence calme et réfléchie, il fait preuve en tout temps d'une grande énergie dans tous les actes de la vie.

Dans des causeries intimes nous vînmes à parler de l'avenir au point de vue de l'instruction primaire à donner aux élèves des écoles rurales dont il trouve le programme trop chargé pour des enfants destinés aux travaux des champs.

« Au point de vue moral, nous disait-il, je cherche à assouplir les caractères, à cultiver leur volonté, à policer leurs mœurs, à développer en eux le goût de l'étude, du travail et des économies. Je cherche également à intéresser les parents aux bienfaits de la Solidarité par la création d'une Société de

Mutualité-Dotation dont les bénéfices sont répartis entre leurs enfants, et j'espère amener au village la pratique d'une Solidarité vraiment effective en répandant la bonne semence qui germera plus tard lorsque les enfants seront devenus des hommes.

« En venant prendre possession de mon poste, nous dit-il, mon but fut de chercher à réunir en un faisceau toutes les initiatives et tous les dévouements, afin de remplacer la vie si monotone des campagnards par une activité cérébrale plus grande, plus bienfaisante, et de vulgariser, dans ce milieu, les bienfaits de la Mutualité qui permet de lutter contre l'adversité et retient au village nos anciens élèves.

« C'était donc une petite révolution que j'allais apporter dans les mœurs et coutumes des anciens qui n'avaient point songé à tout cela parce que leurs besoins sont moindres que les nôtres et que leur mentalité les porte plutôt à l'inertie et à la résignation.

« Mes idées, vous le savez, sont partagées par M. le Maire. C'est ainsi que nous fûmes amenés à créer à X... une Mutualité-Dotation qui fonctionne depuis trois ans et qui a révolutionné les coutumes au grand profit des enfants indigents, et de tous, car on se connaît, on s'estime, on s'aime...

« Ici tout le monde est mutualiste, ou le sera sous peu, car, chaque année, des adhérents nouveaux viennent grossir le nombre des membres de la Société de secours mutuels. »

Pour faire affluer les dons à la Mutualité-Dotation qui fonctionne à l'École, il fut décidé, après entente avec le maire, qu'un tableau d'honneur serait placé à la mairie. Il devait servir à l'inscription du nom des donateurs avec indication des sommes versées et recueillies dans diverses circonstances de la vie municipale ou extérieure.

EXEMPLE :

1904. Mariage de Galas avec Marie Jacquot.	Fr.	5 »
Lieutenant Crevoitier. — Fête des pompiers		4 50
Vossot Edmond. — Fête des cultivateurs		6 »
Louise Moinot. — Fête des jeunes filles		8 25
Boiget fils. — Fête des musiciens		4 »
Mutin Jules. — Fête des garçons		7 »
Falconnet. — Banquet du 14 juillet		12 25
Clair Gustave. — Réunion de famille		8 »
Etc., etc...		

Création de la Société. — Mutualité-Dotation.

La Société créée est composée des élèves des deux sexes âgés de cinq à treize ans, et au nombre de trente-deux, tous titulaires d'un livret de Caisse d'épargne postale. Les élèves appartenant à des parents indigents devinrent possesseurs d'un livret de la somme de un franc, grâce à une libéralité du Conseil municipal.

Par diverses mesures de bienveillance, cette Société fut appelée à recueillir de petites sommes devant être réparties, par *parts égales*, au profit de chaque sociétaire, le 15 mars de chaque année, et faire l'objet d'une inscription particulière sur le livret de Caisse d'épargne afin d'augmenter les économies réalisées par chacun d'eux dans le courant de l'année.

Cette Association avait donc le mérite, non seulement de mettre en relief les résultats obtenus par une participation commune, mais d'engager les enfants à verser dans leur tire-lire leurs petits profits personnels et, par l'exemple, de diriger dans cette voie tous les jeunes gens qui dissipent si facilement leurs gages et salaires dans les cabarets.

Après une année de fonctionnement, les résultats en ayant été publiés et commentés par tous, les conséquences de cette création ne tardèrent pas à se faire sentir dans l'ingéniosité des moyens employés par les enfants et les jeunes gens pour augmenter leur avoir personnel.

Pour les enfants. — La joie qu'ont éprouvée les enfants à se voir propriétaires d'un petit capital fit travailler leur petite cervelle, et ils ont trouvé vingt moyens différents pour augmenter cet avoir dont ils sont si fiers.

Pour les jeunes gens. — Depuis que des conférences ont été faites sur les bienfaits de l'épargne pratiquée dès l'enfance, des jeunes gens en ont profité pour placer une partie de leur salaire dont le montant a servi ensuite à l'acquisition de petites parcelles de terre.

Cette pratique a cela de bon, c'est que le jeune propriétaire se fixera à la campagne dès sa sortie du régiment, au lieu de végéter en ville où il ne pourrait qu'augmenter le nombre des déclassés.

D'autre part, on sait qu'en ville beaucoup de domestiques reçoivent une indemnité en remplacement du vin qui ne leur est pas délivré en nature. Ce procédé tend à se répandre dans les campagnes, parmi les servantes surtout.

Nous en connaissons plusieurs qui, ne buvant que de l'eau, augmentent leurs versements à la Caisse d'épargne du produit de cette indemnité qui est fixée à 0 fr. 25 par jour, soit : 0 fr. 25 × 365 = 91 fr. 25, somme qui leur rapporte également des intérêts pendant un assez grand nombre d'années.

C'est ainsi que, par l'initiative de quelques hommes de cœur, de braves jeunes gens des deux sexes et même des enfants pourront, en commençant à économiser dès l'âge de cinq ans, devenir eux-mêmes les artisans de leur prospérité future avec des ressources insoupçonnées jusqu'alors : ressources amassées grâce à l'initiative heureuse et féconde des Bienfaiteurs de l'École.

Libéralités diverses consenties par la municipalité en faveur de la Mutualité-Dotation.

Pour arriver à des résultats qui soient de nature à rendre la Mutualité-Dotation plus prospère, à assurer son avenir, il s'agit de lui trouver des ressources nouvelles pour augmenter le chiffre des sommes à verser sur les livrets de Caisse d'épargne de tous les sociétaires.

A cet effet, la municipalité, voulant associer ses efforts à ceux déjà faits en faveur de l'œuvre, accorda les autorisations suivantes :

1° Autorisation de faire une quête à la mairie au moment de la célébration des mariages. Cette quête devant être faite par deux des plus grandes jeunes filles qui fréquentent l'École.

2° Autorisation de distribuer les images du patron de la paroisse le jour de la fête du village, en retirant ce droit aux musiciens adjudicataires de cette fête. (Vieille coutume bourguignonne.)

3° Dès la formation de la Mutualité-Dotation, le maire, en

faisant connaître le but de la Société, avait engagé la population à la protéger en profitant de toutes les occasions : réunions de famille et autres, pour quêter en sa faveur, puisque le
produit des sommes recueillies devait être attribué à leurs
enfants, à ceux de leurs parents ou de leurs amis et concitoyens, en signalant à leur attention les réunions suivantes :
la fête des garçons, la fête des jeunes filles et des femmes, le
banquet des conscrits, celui des pompiers et de la Société de
secours mutuels, la fête des cultivateurs, des vignerons, des
musiciens, etc... qui devaient donner un appoint important
aux ressources de la Société.

4º Attribution de la somme de 50 francs en faveur de la
Société par suite de l'annulation de pareille somme affectée à la
distribution des prix.

5º Autorisation de faire une loterie de six cents billets à
0 fr. 25 : les enfants et les habitants se chargeant du place-
ment des billets, soit une ressource de 150 francs. Les lots en
furent fournis : un par la commune, un par le maire, un par le
conseil municipal, un par l'instituteur, un par l'institutrice,
un par le curé, un par le percepteur, vingt par des personnes
riches ou aisées, vingt par la Société des anciens et anciennes
élèves, lots composés pour ces dernières de travaux de bro-
derie, lingerie et autres objets confectionnés par elles dans
leurs réunions du dimanche chez l'institutrice, et dix autres
fournis par la Mutualité-Dotation, soit en tout cinquante-six
lots.

6º En 1904, une somme de 52 fr. 50 fut en outre encaissée
pour la destruction de 350 kilogrammes de hannetons ramassés
par les élèves de l'École.

7º Produit de la vente des sauvageons fruitiers greffés par
les élèves, de rosiers, de sarments de vigne américaine et de
semis de fleurs rares au profit de la Société.

8º Produit des primes accordées par le conseil municipal
pour la protection des petits oiseaux.

9º Produit des réunions récréatives organisées quatre fois
par an par les élèves des écoles et la fanfare afin de rappro-
cher les habitants par des distractions prises en commun. Le
produit de ces petites fêtes devant être partagé par moitié avec
la Société des anciens et anciennes élèves.

Donations de propriétés rurales aux enfants des familles nombreuses.

Le rôle bienfaisant de l'instituteur se fit également sentir dans les donations de propriétés aux enfants des familles nombreuses. C'est ainsi que, par ses démarches et causeries répétées, il parvint à obtenir de riches propriétaires l'abandon, à titre gratuit, de plusieurs parcelles de terre à trois chefs de famille qui pourront à l'avenir planter sur un terrain appartement à leurs enfants les pommes de terre et les légumes nécessaires à leur alimentation.

Les raisons qui ont le plus touché les bienfaiteurs sont : que c'est un des moyens les plus avisés pour empêcher l'exode des campagnards vers les villes et de conserver à la campagne les nombreux auxiliaires nécessaires à la culture des terres et d'augmenter la valeur de celles-ci dans l'avenir.

Voici à titre d'exemple comment il a été procédé :

Le droit de propriété est transféré par acte notarié à la collectivité des enfants; dans cet acte il est dit que ladite propriété ne pourra être aliénée qu'au décès des parents ou au moment où le dernier enfant aura atteint l'âge de vingt et un ans.

MM. Renoul, aux neuf enfants de Gabriel Louis, une parcelle de terre de 34 ares estimée . . . Fr. 150

Cyrille, aux huit enfants de Jean-Jacques, une parcelle de terre de 25 ares estimée. 100

Rosa, aux sept enfants de Corne Louis, une parcelle de terre de 19 ares estimée 100

Total . . . . Fr. 350

Nota. — Il serait à désirer qu'une décharge d'impôts, de droits d'enregistrement et de timbre soit consentie par l'État en faveur de malheureux qui sont si dignes de mériter la sollicitude de nos gouvernants.

Reddition des comptes.

Les ressources à encaisser au profit des Dotations scolaires communales sont : 1° Les cotisations des pères de famille, les dons particuliers, les subventions des communes et de l'État, etc...; 2° Les bénéfices réalisés par la Mutualité-Dotation qui fonctionne à l'École primaire.

Les recettes et dépenses effectuées jusqu'au 31 décembre soit par le Trésorier, soit par le percepteur, sont portées en détail sur un registre spécial avant d'être résumées sur le compte établi à la date du 15 mars de chaque année.

Le compte est arrêté et approuvé par le Comité directeur qui doit y joindre une délibération pour signaler à l'attention de tous les intéressés la répartition des sommes encaissées et les bienfaits qui en sont résultés pour assurer l'avenir des enfants bénéficiaires.

Relevé des opérations effectuées du 1er janvier au 31 décembre suivant.

Recettes en argent.

1° Montant des cotisations, dons, subventions diverses, etc. . . . . Fr.	655 »	
2° Produit des quêtes faites à la mairie à la célébration des mariages	25 50	
3° Produit de la distribution des images le jour de la fête patronale	35 20	
4° Produit du versement des quêtes faites dans les fêtes et banquets	87 40	
5° Versement de la somme affectée à la distribution des prix	50 »	1,163 10
6° Produit de la loterie de six cents billets à 0 fr. 25.	150 »	
7° Produit de la destruction de 350 kilogrammes de hannetons à 0 fr. 15 l'un	52 50	
8° Vente des sauvageons fruitiers greffés, etc. par les élèves de l'École	12 50	
9° Valeur du montant des primes accordées pour la protection des petits oiseaux .	10 »	
10° Produit des quatre réunions récréatives organisées chaque année.	85 »	

A reporter. . . . . Fr. 1,163 10

Report. . . . . Fr. 1,163 10

Recettes en nature.

Valeur d'une terre de 34 ares abandonnée gratuitement aux enfants de Gabriel
Louis. . . . . Fr. 150 »
Valeur d'une terre de 25 ares abandonnée
gratuitement aux enfants de Jean-Jacques. . 100 »
Valeur d'une terre de 19 ares abandonnée
gratuitement aux enfants de Corne Louis. . 100 »
Valeur du lot offert à la loterie, par la
commune. . . . . 20 »
do le maire . . . . 15 »
do le conseil municipal . . . . 12 »
do l'instituteur . . . . 5 »
do le percepteur . . . . 5 »
do le curé. . . . . 5 »
do l'institutrice . . . . 5 »
Valeur de 20 lots offerts par des particuliers. . . . . 50 »
Valeur de 20 lots offerts par la Société
des anciens élèves . . . . 30 »

497 »

Totaux des recettes en argent et en na-
ture . . . . Fr. 1,660 10

Dépenses effectuées.

Achat de registres, imprimés, etc. et frais
de correspondance . . . . 12 »
Achat de deux cents images pour la fête
patronale. . . . . 10 »
Achat de six cent cinquante billets pour
la loterie . . . . 4 »
Achat de dix prix pour la loterie . . . . . 25 »

51 »

Report des recettes en argent à attribuer à
l'œuvre des Dotations . . . . Fr. 1,163 10
Report des dépenses de l'année . . . . . . 51 »

Total de la somme économisée. . . . . Fr. 1,112 10
à répartir aux trente-deux élèves, soit environ 35 francs chacun.

Ce résultat ayant été porté par le maire à la connaissance d'un riche propriétaire, cet homme généreux lui annonça qu'il ferait cadeau à la Société des Dotations d'un drapeau aux couleurs nationales qui porterait l'inscription suivante :

« UNION ET PATRIE »
« DOTATIONS SCOLAIRES »

D'autre part, une dizaine de personnes riches ou aisées firent connaître au chef de la municipalité qu'elles reverseraient au profit des Dotations le montant des parts attribuées à leurs enfants.

Cette communication avait donc pour effet de recommencer l'année avec un avoir d'environ 350 francs venant ainsi grossir les sommes à répartir à la fin de l'année courante.

Nota. — Il est utile de faire remarquer que dans le chiffre de 35 francs à allouer à chaque bénéficiaire ne sont pas comprises les ressources éventuelles devant provenir des subventions des communes, du département et de l'État, des revenus des fondations perpétuelles et autres ressources énumérées aux pages 20 et 21.

Résumé des résultats obtenus ou à obtenir par la création des Dotations scolaires communales.

1° Participation volontaire et effective de la plupart des citoyens, des communes et de l'État, à l'amélioration du sort des humbles par le versement des cotisations, dons, de subventions, etc., à la Société des Dotations scolaires qui peut avoir pour résultat de mettre, dans un laps de temps relativement très court, une somme de près de 2 à 3,000 francs à la disposition des familles *de dix enfants*.

2° Suppression de la mendicité et extinction partielle du paupérisme : tous les enfants d'aujourd'hui devant être en possession d'une retraite à l'âge de soixante-cinq ans.

3° Enseignement pratique de la Solidarité entre citoyens et Dotations aux enfants riches et pauvres des deux sexes âgés de treize ans au moyen des ressources indiquées ci-dessus.

3

4° Fréquentation de l'École assurée sans contrainte par le droit à Dotation, par extension : suppression des illettrés, et, par intérêt : retour à l'École de la plupart des enfants qui nomadisent avec leurs parents.

5° Relèvement de la valeur morale de tous par la mise en pratique des sentiments de Solidarité et de Fraternité implantés dans le cœur des enfants dès leur début dans la vie.

6° Atténuation de la lutte entre le capital et le travail par la démonstration aux ouvriers que le travail organisé comporte une association d'efforts individuels, de diverses natures, ne pouvant aboutir au succès qu'avec des capitaux importants et une participation dévouée de toutes les volontés à l'intérêt commun.

7° Habitudes d'ordre et d'économie répandues dans la classe laborieuse des villes et des campagnes qui comprendra bien vite que son intérêt est de seconder les efforts de l'œuvre des Dotations pour augmenter ses moyens d'action par l'épargne pratiquée dans les ménages.

8° Réhabilitation morale des enfants trouvés et abandonnés et préparation de leur avenir par l'emploi du produit de l'impôt sur les célibataires et veufs sans enfants, afin d'obtenir la suppression de cette iniquité qui fait, de ces malheureux, les parias de la société, alors que cette dernière est responsable de leur isolement et de leur détresse.

9° Amélioration des locaux habités par la classe ouvrière des villes qui pourra faire l'acquisition, par acomptes, d'une petite maison à la Société des habitations à bon marché, et, à la campagne, d'une petite habitation ou autres immeubles ayant pour destination le logement ou la nourriture de la famille.

10° Suppression à peu près complète de l'exode de la population rurale vers les villes et repeuplement des campagnes par le lien de la propriété acquise qui doit y ramener les familles nombreuses végétant dans les grands centres.

11° Création du bien familial incessible et insaisissable de par la provenance des sommes qui ont été employées à son acquisition.

12° Cession, à titre gratuit, d'immeubles à la collectivité des enfants des familles nombreuses : propriétés ne pouvant être aliénées qu'au décès des parents ou lorsque le plus jeune des enfants aura atteint l'âge de vingt et un ans ou de dix-huit si son tuteur trouve bon de le faire émanciper.

13° Dons et legs à obtenir en faveur des Dotations scolaires si le Parlement veut bien leur conférer la personnalité civile.

L'opportunité de cette mesure est d'autant plus urgente que les congrégations religieuses vont disparaître et qu'il est question de restreindre le droit d'héritage au cinquième degré.

14° Par la Mutualité-Dotation, initiation de tous les enfants à la recherche des économies à réaliser dans le cours de leurs premières années et de l'emploi de celles-ci pour s'assurer une retraite pour l'âge avancé.

15° Comptes à établir le 15 mars de chaque année; la publication de leurs résultats devant stimuler le zèle, le dévouement et l'initiative de tous les sociétaires et bénéficiaires pour rivaliser quant au succès avec les Sociétés voisines.

16° Fête des *pupilles de la Nation* le 1ᵉʳ mai de chaque année, afin de réunir dans une étreinte fraternelle tous les habitants de la localité.

C'est ce jour-là, qu'en séance publique, le maire, entouré du conseil municipal, des fonctionnaires et des pères de famille intéressés, fera connaître les résultats de l'année écoulée. Il adressera à tous ses administrés les conseils, les félicitations et les remerciements qu'ils ont si bien mérités pour leur dévouement à l'œuvre d'émancipation sociale et de réconciliation nationale : œuvre qui restera éternellement l'honneur du village où on la fera naître et de ce grand pays si noble, si généreux qui se nomme « la France ».

CHAPITRE III

Les retraites de la Mutualité scolaire.

*La Mutualité communale dans ses rapports
avec la Mutualité scolaire.*

COMMENT ON PEUT SOLUTIONNER LA QUESTION DES RETRAITES
OUVRIÈRES POUR LA JEUNE GÉNÉRATION

Les Mutualités scolaires ont été fondées en 1881 par un grand philanthrope, M. Cavé, ancien juge au tribunal de commerce de Paris. Leur but est : 1° de porter l'enfant à l'épargne en lui donnant des habitudes d'ordre et d'économie ; 2° de lui assurer une retraite à l'âge de cinquante-cinq ou soixante-cinq ans.

Chaque sociétaire verse 0 fr. 10 par semaine entre les mains de l'instituteur, soit 5 fr. 20 par. an. « Sur ces 5 fr. 20 une part « de 1 fr. 20 sert au secours mutuel proprement dit, c'est-à-dire « aux secours de maladie et aide à payer ces derniers frais. « Cette part de 1 fr. 20 est suffisante pour assurer ce service, « nous en avons des preuves réitérées.

« Les 4 francs qui restent passent tous au compte de re- « traite de l'enfant ; une partie : 2 fr. 60 va à son livret indivi- « duel, l'autre partie va au fonds commun de retraite de la « Société. De sorte que sur les 5 fr. 20 l'enfant conserve pour « lui 4 francs.

« Mais que deviennent ces 4 francs ? Grâce au taux de « faveur de 4 1/2 p. 100 et aux subventions de l'État, ces « 4 francs se multiplient tant et si bien qu'on arrive mathéma- « tiquement au résultat suivant : l'enfant qui est inscrit à la

« Mutualité scolaire de trois à dix-huit ans, c'est-à-dire pendant
« les quinze ans exigés par la loi pour avoir droit à son compte
« de retraites, touche à soixante-cinq ans, sans rien payer de
« dix-huit à soixante-cinq ans, touche, dis-je, à cet âge, une
« retraite de 248 fr. 28 (1).

« De tels chiffres se passent de commentaires, et j'ai bien
« le droit, n'est-ce pas, de m'étonner que tous les parents qui
« ont tant soit peu le souci de l'avenir de leurs enfants ne les
« amènent pas à la Mutualité. Cependant nous sommes loin
« d'avoir tous les enfants, à peine la moitié seulement. »

(Discours prononcé le 18 juin 1905 à la fête des Œuvres
post-scolaires de Nuits [Côte-d'Or], par le Dr Boursot.)

M. le Dr Boursot, président de la Mutualité scolaire du
canton de Nuits et membre du Comité de ladite Mutualité au
ministère de l'Intérieur, déplore de voir certains parents se
désintéresser des bienfaits des Mutualités scolaires et il a
grandement raison.

Cependant on doit dire que les « Petites Cavé », malgré les
immenses services qu'elles rendront à la génération actuelle
qui fréquente nos écoles primaires, sont insuffisantes. Il
manque une Mutualité plus effective, plus bienfaisante encore,
plus humaine, une Mutualité qui s'adresse surtout aux enfants
indigents pour les relever de leur infériorité vis-à-vis de leurs
petits camarades.

Il est à remarquer que, dans nos communes rurales, les
enfants des parents aisés seuls font partie de la Mutualité
scolaire. Les parents des autres enfants peuvent se diviser en
deux catégories :

1° Ceux qui pourraient payer les cotisations et qui ne le
font pas par imprévoyance;

2° Ceux qui ne peuvent verser par pauvreté.

Les bienfaits de la Mutualité scolaire ne peuvent donc
s'étendre actuellement qu'à une partie (1/3 environ et parfois
moins) des enfants qui peuplent nos classes, et ces bienfaits
vont à ceux qui en ont le moins besoin. C'est une triste cons-
tatation, cependant elle est vraie! Une amélioration sensible
pourrait être apportée au fonctionnement de la Mutualité
scolaire.

(1) Dans cette somme est comprise la majoration de 120 francs accordée
par l'État au moment de la liquidation de la retraite.

Son but principal devrait être de constituer une retraite à tous les petits Français de trois à dix-huit ans.

A cet effet, nous proposons :

1° La suppression de la somme de 1 fr. 20 représentant le secours de maladie pour tous les adhérents, même indigents, dont les frais de maladie sont souvent payés par les communes. La prime réduite à 4 francs serait ainsi versée plus facilement, étant moins élevée.

2° Nous demandons à ce que tous les Français de trois à trente ans puissent adhérer à la Mutualité scolaire.

Notre but étant de faire des *Mutualistes de tous les enfants qui fréquentent nos Écoles primaires*, nous demandons en troisième lieu à ce que les parents ou les Sociétés-Dotations puissent verser les primes en une ou plusieurs fois, d'après leurs ressources personnelles; cela permettrait aux Dotations communales de pouvoir verser, par anticipation, les quinze primes de 4 francs. A treize ans, au sortir de l'École, l'enfant aurait donc des droits certains à une retraite dont le *titre provisoire* serait son livret de Mutualité libéré.

La Mutualité scolaire deviendrait alors la Mutualité-retraite. Grâce aux ressources fournies par la Société des Dotations ou Mutualité communale, chaque élève possédera un petit avoir sur lequel sera imputée la dépense de la prime de 4 francs à payer annuellement au Trésorier de la Mutualité scolaire.

A treize ans, le même service des Dotations soldera définitivement le compte retraite de chaque enfant par un prélèvement sur le montant des économies inscrites sur son livret de Caisse d'épargne.

En opérant ainsi, nous avons voulu obvier aux défaillances et parer à la détresse des adhérents pauvres ou imprévoyants pour qu'ils ne puissent jamais retomber à la charge des communes dans leur vieillesse, et la conséquence sera d'amener toute la génération actuelle à être mutualiste et à avoir une pension de retraite certaine.

Ajoutons qu'un Mutualiste épousant *une Mutualiste* pourra disposer, d'après le Dr Boursot, de 248 fr. + 248 = 496 francs. Ce sera l'aisance pour un ménage laborieux et économe.

La somme à verser pour se libérer par anticipation est indiquée dans le Barème suivant dont le calcul est basé sur la prime de 4 francs à verser à la Mutualité pendant quinze années par les adhérents de trois à dix-huit ans.

BARÈME N° 1

établi sur la prime de 4 fr. à payer de trois à dix-huit ans.

PÉRIODES DIVERSES — Années de retard à payer au moment de la demande de retraite. — Cotisation de 4 francs.	PAIEMENT des primes de 4 fr. arriérées y compris les in- térêts à 1/20 0 et la prime de l'année en cours.	INTÉRÊTS à payer pour l'année courante 4 1/2 0,0.	TOTAL des sommes à payer pour mettre son compte à jour ou liquider sa retraite.
A 3 ans 1/15 de 60 fr.	4 »	»	4 »
4 ans 2/15 —	8 »	» 36	8 36
5 ans 3/15 —	12 36	» 56	12 92
6 ans 4/15 —	16 92	» 76	17 68
7 ans 5/15 —	21 68	» 98	22 66
8 ans 6/15 —	26 66	1 20	27 86
9 ans 7/15 —	31 86	1 43	33 29
10 ans 8/15 —	37 29	1 68	38 97
11 ans 9/15 —	42 97	1 93	44 90
12 ans 10/15 —	48 90	2 20	51 10
13 ans 11/15 —	55 10	2 48	57 58
14 ans 12 15 —	61 58	2 79	64 35
15 ans 13/15 —	68 35	3 08	71 43
16 ans 14/15 —	75 43	3 39	78 82
17 ans 15/15 —	82 82	3 73	86 55

OBSERVATIONS (Consulter le Barème pour les cas suivants) :

1° Si le père d'un enfant âgé de 4 ans veut faire l'avance nécessaire pour lui constituer une retraite de 248 francs, il n'aura à payer que 15 primes de 4 francs, soit 60 francs plus les intérêts de retard de 0,36 = 60,36 puisque le fond de retraite doit bénéficier des intérêts à 4 1/2 de la somme placée en dépôt.

2° Si on veut également se libérer à l'âge de 12 ans, il faudra d'abord payer la somme de 51,10 et faire l'avance des cinq dernières primes de 4 francs = 20 francs, soit au total 71,10.

3° A l'âge de 17 ans, le total des primes à payer est de 60 francs (15 primes de 4 francs) plus les intérêts de retard, soit 86,55.

Le payement de la retraite en une seule fois est spécialement recommandé à toutes les personnes qui veulent assurer l'avenir de leurs enfants. Il suffit de consulter l'instituteur pour savoir de suite quelle est la somme que l'on aura à débourser.

Nota. — Un deuxième Barème pourrait être établi par l'autorité compétente pour indiquer aux adultes et hommes de dix-huit à trente ans la somme à payer en une seule fois pour solder leur retraite pendant cette période en majorant, s'il le faut, le chiffre de la prime et le taux des intérêts (1).

(1) Ces deux Barèmes qui intéressent la génération actuelle devront être accompagnés d'une note explicative et être affichés dans les mairies, écoles,

Nous souhaitons de voir ce vœu adopté, car beaucoup de personnes pourraient ainsi profiter des avantages accordés par l'État aux Mutualités scolaires — majoration de 120 francs — qui fait partie de la retraite de 248 francs, à condition que chacun des nouveaux adhérents remplisse tous ses engagements (1).

Exemples à citer aux adultes et hommes de dix-huit à trente ans.

1° Un soldat se rengage pour deux ans après avoir accompli son service obligatoire. S'il est prévoyant, s'il a une bonne conduite, il peut facilement prélever sur sa prime de rengagement, en admettant qu'il ait vingt-cinq ans, la somme nécessaire pour assurer la tranquillité de ses vieux jours.

2° Un marin touche sa paye après une longue croisière. S'il songe à la vieillesse qui l'attend, ne peut-il lui aussi verser la somme nécessaire ? Cette retraite viendrait s'ajouter ainsi à celle qu'il doit recevoir de l'inscription maritime.

3° Un domestique de dix-huit à vingt-cinq ans gagne de 200 à 500 francs par an. Ne peut-il, pendant ce laps de temps, mettre de côté, une année ou l'autre, une partie de ses gages pour s'assurer une retraite ? Une servante de bonne conduite peut assurer son avenir en employant de la même manière une partie de ses gages et économies.

4° Un ouvrier peu chargé de famille qui voit ses enfants bénéficier d'une retraite qui leur est assurée par la Société des Dotations peut également économiser, et, par un ou plusieurs versements, s'assurer une vieillesse heureuse.

5° Un jeune homme ou une jeune fille qui fait un héritage

collèges, lycées, etc., les gares de chemins de fer et de tramways, les pontons d'embarquement, à bord des vaisseaux de guerre et navires de commerce et dans tous les lieux d'attente où on peut disposer de quelques instants de réflexion pour les lire et les commenter.

(1) Dans le but de ménager les ressources de l'État, la majoration de 120 francs ne serait pas attribuée aux Mutualistes qui, *à l'âge de soixante-cinq ans*, jouiraient d'un revenu supérieur à 200 francs, ces derniers ne bénéficieraient que de la retraite de 128 francs, représentant le fruit de leurs économies accumulées.

pourrait employer le même procédé, mais il faut lui fournir la possibilité de le faire quand on en possède les moyens.

6° Des parents, des parrains, des amis pourraient solder cette dépense de retraite en faveur d'enfants des deux sexes qu'ils affectionnent particulièrement, afin de se débarrasser des soucis que leur causent l'avenir de ceux-ci.

On pourrait multiplier ces exemples.

Si toutes les personnes, jusqu'à l'âge de trente ans, pouvaient adhérer à la Mutualité-retraite et se libérer à leur fantaisie, on verrait, à notre avis, doubler, tripler, décupler le nombre des Mutualistes en France, car certaines causes : maladie, chômage, peuvent empêcher de continuer les versements annuels ou de les commencer. Les ouvriers n'étant pas sûrs de pouvoir verser pendant les quinze années exigées par la loi se désintéressent, bien à tort, des bienfaits que la Mutualité scolaire doit procurer à leurs enfants.

C'est donc quand ils gagnent de l'argent qu'ils devraient pouvoir verser et même se libérer par anticipation.

On parerait, en outre, à l'imprévoyance coupable de certains parents en permettant à leurs enfants de s'assurer la même retraite que leurs camarades plus fortunés dès que leur gain ou leurs ressources le leur permettraient.

La transition entre la Mutualité scolaire et les Sociétés mutuelles d'adultes, transition que les techniciens désignent sous le nom de *pont mutualiste*, serait ménagée et le problème qui reste entier à l'heure actuelle recevrait une solution.

De plus, la question des retraites ouvrières serait résolue pour la génération actuelle de trois à dix-huit ans et en partie pour celle de dix-huit à trente ans.

Quant aux personnes plus âgées, c'est aux pouvoirs publics à trouver les moyens pratiques et les ressources permettant de les mettre à l'abri de la misère quand l'outil tombera de leurs mains.

« Si tous les travailleurs étaient affiliés à une ou deux Mutuelles, la question si ardue des retraites ouvrières serait vite résolue » (Garcin.)

CONCLUSIONS

Il est de toute évidence que chacun doit contribuer, par sa prévoyance, son économie, à se créer des ressources pour la vieillesse. L'État ne peut tout faire.

« L'État n'est pas un père dont les fils peuvent, sans faiblir à leur dignité, tout espérer et tout attendre. » (F. Faure.)

Aide-toi d'abord, l'État t'aidera ensuite. Voilà ce que chacun doit se dire. L'homme prévoyant doit avant tout compter sur lui-même et épargner. « L'épargne fruit du travail fait l'homme sûr de son lendemain; elle l'élève donc moralement puisqu'elle lui permet d'envisager l'avenir avec calme et sérénité. » (Garcin.)

L'épargne n'ayant qu'une efficacité limitée, il doit en outre chercher dans la Mutualité un préservatif plus sûr contre les mauvaises chances de la vie.

Si le rôle de l'État est d'aider ceux qui commencent par s'aider eux-mêmes, le rôle de tous les hommes de cœur est de répandre les idées mutualistes, de contribuer à la création des Sociétés mutuelles, de venir en aide selon leur fortune aux déshérités, d'acquitter en un mot leur dette de Solidarité.

Dans ce combat contre la misère, l'union de tous les hommes de bien est nécessaire.

La Société actuelle doit secourir le plus efficacement possible les malheureux. Il faut donc rechercher les moyens les meilleurs et les plus pratiques pour atteindre ce but : réduire le nombre des déshérités.

Voici ce qu'un grand philanthrope, M. Pereire, écrivait à ce sujet il y a quelque dix ans : « Justement ému des souffrances sans cesse plus vives des populations laborieuses et indigentes, persuadé que la civilisation moderne transformée par la science, éclairée par la raison, enrichie par le crédit, vivifiée par la liberté, moralisée par l'égalité, sanctifiée par la fraternité, peut remédier à ce mal organique par de simples réformes pratiques et rationnelles, je fais appel à tous les esprits sérieux et impartiaux et j'affecte à cette œuvre de haute étude sociale la somme de 100,000 francs. »

La création des Mutualités-Dotations est, selon nous, un des moyens pratiques et rationnels dont parlait M. Pereire pour remédier, en partie tout au moins, aux souffrances des populations indigentes. Elle offre, en outre à chacun de nous les moyens de s'acquitter de sa dette de Solidarité.

Relever la dignité de l'ouvrier et sa fierté native, le soutenir efficacement en lui facilitant les moyens de nourrir sa famille et de penser à un avenir réparateur pour lui et les siens, lui assurer une retraite, l'attacher au sol en lui permettant d'acquérir un peu de cette terre qu'il arrose de ses sueurs, éviter aux déshérités les souillures de la mendicité, constituer une réserve de travailleurs agricoles et de futurs fermiers, et redonner ainsi à la terre la valeur qu'elle avait jadis : N'y a-t-il pas là de quoi tenter les cœurs généreux pour qui la Solidarité n'est pas un vain mot ?

Nous souhaitons donc de voir tous les esprits éclairés s'intéresser à l'œuvre des Dotations.

Nous espérons en outre que beaucoup de philanthropes légueront à ces Sociétés une partie de leur fortune ou de leurs biens, et attacheront leur nom à cette œuvre de rénovation sociale dont *doivent profiter leurs petits camarades de l'École du village où ils sont nés;* l'exemple partant de haut, ils auront de nombreux imitateurs parmi les favorisés de la fortune qui se procureront ainsi la joie ineffable de faire des heureux.

Connaissant nos modestes et vaillants instituteurs, nous comptons également sur leur initiative. Le surcroît de travail qu'ils s'imposeront en fondant des Mutualités-Dotations sera largement compensé par la satisfaction morale qu'ils éprouveront en remplissant leur devoir de Solidarité, en conquérant plus complètement encore la sympathie et l'affection des populations au milieu desquelles ils vivent.

Quel plaisir n'éprouveront-ils pas à voir leur œuvre grandir et prospérer? Les petits indigents les considéreront comme des bienfaiteurs, la fréquentation scolaire, nous l'espérons, s'améliorera sensiblement, les divisions locales, si fréquentes et si nuisibles, s'atténueront, car la Mutualité n'est la propriété d'aucun parti et elle apparaît digne de toutes les sympathies par les *efforts* qu'elle suscite et les *qualités* qu'elle fait naître.

Tolérante par essence, la Solidarité s'affranchit des passions politiques ou religieuses et n'admet de rivalités que dans la manière de faire le bien.

Elle apprend à s'estimer, à s'aimer, à s'unir, à s'entr'aider dans la bonne comme dans la mauvaise fortune, elle honore le travail, le fait récompenser pour le faire aimer, enfin elle dit à tous : L'ennemi à vaincre c'est la détresse de quelques-uns, écoutez mes conseils, imitez-moi, payez votre dette de Solidarité envers vos frères malheureux, et tous ensemble nous aurons réalisé une œuvre de réconciliation nationale qui aura pour elle les sympathies du monde entier.

« Par la Mutualité, le travailleur n'est plus seul, il cesse d'être le mécontent qui maugrée, le haineux qui voit rouge aussi bien que l'égoïste qui voit trouble. » (Garcin.)

Oui, la Mutualité fera renaître entre les Français cet accord fraternel que l'égoïsme ou les divisions locales avaient rompu momentanément, et ce sera à jamais l'honneur de la troisième République d'avoir encouragé, aidé, subventionné cette génération de jeunes Mutualistes qui seront les soldats et les citoyens de demain unis dans un commun amour : l'amour de la Patrie.

APPENDICE

———

Lettre d'un industriel auquel a été communiqué le travail précédent en le priant de s'intéresser à la création des Dotations ouvrières au profit de son personnel.

... décembre 1905.

Messieurs,

Je vous suis très reconnaissant de la communication de votre projet sur la création des Dotations scolaires dont les principes d'organisation pourraient être appliqués à celle des *Dotations ouvrières* dont vous me priez de prendre l'initiative.

Les données pratiques de votre projet sur la création des Dotations scolaires ont pour but de pouvoir disposer en faveur des écoliers des deux sexes, âgés de cinq à treize ans, d'une petite dotation de quelques centaines de francs pouvant être mise à leur disposition à l'âge de vingt-trois ans, et, à celui de soixante-cinq ans de les faire bénéficier d'une retraite de 248 francs afin de les mettre à l'abri de la misère.

Les résultats d'une pareille innovation permettraient ainsi d'améliorer la situation morale et matérielle de nos ouvriers et de leurs proches.

Après mes félicitations sur la pensée qui vous a guidé, permettez-moi de vous dire que je suis d'avis que votre projet peut servir de modèle à l'organisation des Dotations ouvrières dans les centres ouvriers d'une certaine importance, malgré les mutations assez fréquentes du personnel employé, personnel qui finira par devenir en majeure partie sédentaire dès qu'il aura compris son intérêt et les bienfaits qui peuvent en résulter.

La prospérité d'une usine ne dépend-elle pas en grande partie de la qualité et de la fixité de la main-d'œuvre employée, surtout pour un travail de longue haleine ?

Avec les grèves subitement déclarées, nous avons toujours la ruine en perspective et nos ouvriers des misères sans nombre à supporter, au lieu qu'avec l'apaisement que votre proposition pourrait amener parmi ces derniers, nous pourrions sans crainte traiter des marchés pour des fournitures devant être livrées à des dates éloignées et assurer ainsi un travail régulier dans nos ateliers.

Je ne vous cacherai pas que votre projet d'appliquer *le salaire familial* à tout le personnel marié serait une lourde charge pour l'industrie en général, mais que, personnellement, je suis tout disposé à accepter afin d'enlever à ces braves gens quelques-unes de leurs préoccupations sur l'avenir de leurs enfants et de leur permettre d'apprécier les avantages et les bienfaits que doivent leur procurer l'emploi des économies amassées à leur profit pour acquérir une petite maison avec jardin, c'est-à-dire de quoi aider la famille à se nourrir et à s'abriter.

Le *salaire familial* comporterait une augmentation de *4 francs par enfant et par année* à verser à la Société de la Mutualité scolaire, afin de leur donner des droits certains à une retraite ouvrière alors qu'ils auront effectué les quinze versements exigés par la loi ; mais afin de réduire la charge imposée aux usiniers ou fabricants, les garçons âgés de quatorze ans qui sont employés à l'atelier pourraient être soumis à une retenue de 4 francs sur le petit salaire qui leur est payé annuellement, et cela jusqu'à ce que toutes leurs obligations soient remplies.

Pour réunir et augmenter les ressources destinées à constituer une petite dotation à chaque enfant, ressources dont on lira le détail plus bas, je demanderais le concours des parents qui auront à subir une retenue de 0 fr. 50 par mois et par enfant, sur les salaires payés mensuellement ; cette retenue ne sera pas une charge bien lourde pour leur petit budget en la comparant aux sommes follement dépensées dans les cabarets les jours de paye, et puis, cette retenue n'est-elle pas une épargne faite au profit exclusif de l'avenir de leur descendance ?

Voici énumérées comme je le comprends, l'origine des ressources dont on pourrait disposer chaque année :

1° Cotisations de 0 fr. 50 consenties par les pères de famille par retenue sur le salaire mensuel;

2° Dons particuliers du personnel supérieur de l'usine et des membres du conseil d'administration;

3° Sommes à verser annuellement par la Société ou l'usinier comme participation indirecte au partage des bénéfices réalisés dans l'exploitation de l'usine;

4° Produit du prix des entrées aux réunions récréatives organisées par le personnel ouvrier les jours de paye, de congés ou de fêtes;

5° Produit des quêtes faites dans les banquets, mariages et fêtes de famille;

6° Produit d'une loterie annuelle;

7° Subventions de l'État à prendre sur les successions en déshérence, etc., etc.;

8° Dons et legs, fondations perpétuelles provenant de généreux philanthropes, ou de sociétaires riches qui doivent leur fortune à la prospérité de l'usine.

Nota. — Quand le personnel employé par une même Société ou un grand usinier comporte plusieurs milliers d'ouvriers, on pourrait le diviser en plusieurs sections relevant quand même de la Dotation mère, afin de faire profiter celle-ci des résultats obtenus dans chaque section, et en fin d'année d'en faire la répartition par *parts égales* à tous les enfants de trois à treize ans.

Je crois fermement en l'avenir de la Société des Dotations ouvrières, à condition que, par *devoir social*, tous les grands industriels veulent bien se dévouer à leur formation, en prendre l'initiative, et se donner comme collaborateurs, dans cette œuvre de rénovation des délégués ouvriers choisis parmi les plus intelligents et les plus pondérés comme caractère, car ici nous faisons œuvre d'assistance fraternelle et les questions qui passionnent ne doivent point y être tolérées, et je dis que, si une Société de ce genre était créée dans des centres comme : Anzin, le Creusot, les forges et chantiers de la Seyne, chocolaterie Menier, biscuits Pernot, moulins de Corbeil, etc., nous verrions certainement les ouvriers de ces divers établissements se réunir, se concerter pour discuter librement les avantages de cette association d'efforts pour le bien, et enfin se décider à s'en déclarer les plus chauds partisans parce que leur intérêt et celui de leurs familles le leur commande.

Et je ne puis mieux faire qu'en citant le paragraphe 6, page 34, contenu dans votre travail sur le devoir des ouvriers envers ceux qui veulent améliorer leur sort : « Atténuation de « la lutte entre le capital et le travail par la démonstration aux « ouvriers que le travail organisé comporte une association « d'efforts individuels de diverses natures ne pouvant aboutir « au succès qu'avec des capitaux importants et une participa- « tion dévouée de toutes les volontés au bien commun. »

Tous les industriels sont conscients des besoins matériels de leurs auxiliaires; ils seront d'autant plus disposés à faire des sacrifices en leur faveur, qu'ils les verront préparés à écouter leurs conseils et que les dits industriels seront sûrs d'éviter les pertes considérables produites par les grèves, les arrêts de travail qui leur font payer de grosses sommes pour la résiliation de marchés de fournitures n'ayant pu être livrées à temps.

Par la Solidarité des intérêts engagés dans cette question et le désir de voir patrons et ouvriers étroitement unis pour faire le bien, je suis partisan de la création de la Société des Dotations ouvrières comme œuvre de progrès et d'émancipation. *Pour parer au danger social, il faut que tous accomplissent le devoir social.*

6773. — L.-Imprimeries réunies, rue Saint-Benoît, 7. — Motteroz et Martinet, directeurs.

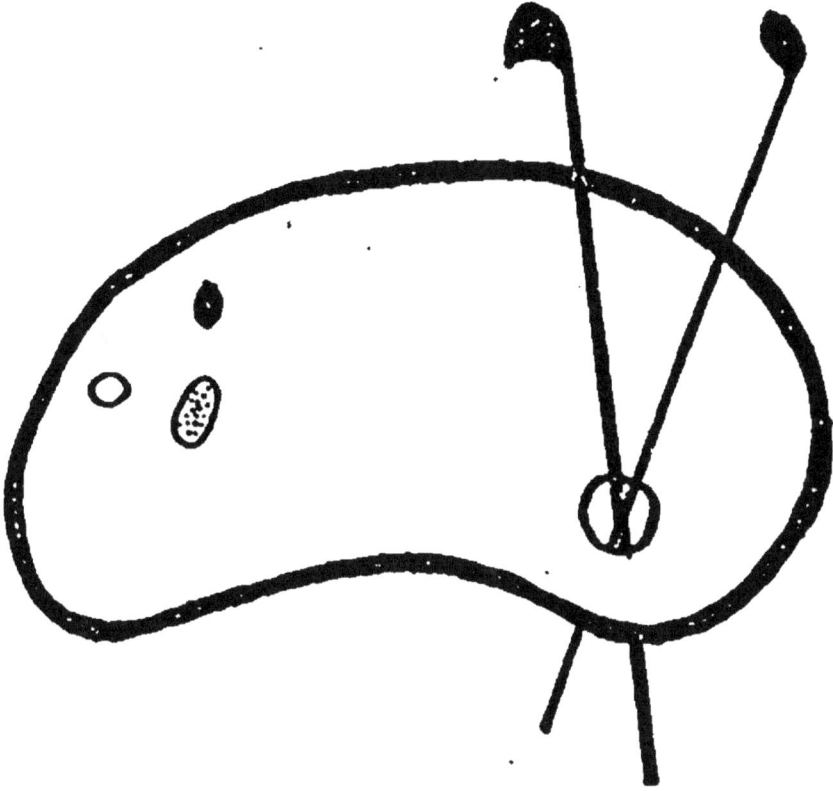

ORIGINAL EN COULEUR
NF Z 43-120-8

www.ingramcontent.com/pod-product-compliance
Lightning Source LLC
LaVergne TN
LVHW022034080426
835513LV00009B/1037